Jürgen S.

Kinder

eine Rolle spielen

Kinder

Jürgen S.

Impressum

Bibliografische Information der Deutschen Nationalbibliothek:
Die Deutsche Nationalbibliothek verzeichnet diese Publikation in
der Deutschen Nationalbibliografie; detaillierte bibliografische
Daten sind im Internet über http://dnb.dnb.de abrufbar.

Die automatisierte Analyse des Werkes, um daraus Informationen insbesondere über Muster, Trends und Korrelationen gemäß
§44b UrhG („Text und Data Mining") zu gewinnen, ist untersagt.

© 2025 Jürgen S.

Weitere Mitwirkende: Covergestaltung mit „bing"

Verlag: BoD · Books on Demand GmbH, In de Tarpen 42, 22848
Norderstedt, bod@bod.de

Druck: Libri Plureos GmbH, Friedensallee 273, 22763 Hamburg

ISBN: 978-3-7693-5754-7

Enter oder Return (Chat-GPT:

1.0. Enter: Zugang, Eintritt, Beginn, Schwelle, Tastatur, Kommando, Login, Initiation, Türöffnung, Bühnenauftritt, Datenübermittlung, Code-Ausführung, Sprung in eine neue Phase, Eintritt in einen Zyklus, Portal, Torweg, Schwellenerfahrung.

2.0. Return: Rückkehr, Wiederholung, Kreislauf, Taste, Funktion, Carriage Return (CR), Zeilenumbruch, Wiedergeburt, Mythos, Odyssee, Resonanz, Karma, wirtschaftliche Rendite, Wiederkehr des Verdrängten, Orbit, kosmischer Zyklus, ewige Wiederkunft.)

Ich: Ohne, dass wir die Geschichte kennen, können wir aus der Geschichte nichts bis wenig lernen. Jedoch behauptet Hegel, dass wir aus der Geschichte lernen, dass wir aus der Geschichte nichts lernen. Man darf nicht vernachlässigen, dass das, sollte es gültig sein, eine elementare Lehre darstellt. Der Standpunkt ist immer wieder entscheidend, und eine Meta-Ebene hat einige Vorzüge.

Die Phönizier waren ein Volk, das stark auf Handel baute, um sich zu versorgen. Als sie noch im „Saft" standen, folgten sie dem Phönix übers Meer zu vielen Orten. Sie sandten ihren unbedingten Willen, sich aus Niederlagen immer wieder zu erheben, über die Häfen des Mittelmeeres, was ihnen Unglaube einbrachte, Zweifel und Neid. Dennoch hielten sie sich lange, und das ohne große Streitmacht.

Ihre Nation, wenn man das so nennen kann, war beheimatet im heutigen Libanon.

Ist es richtig von mir, diesen Text so zu beginnen, mit Geschichte, die Schicht um Schicht aufgetürmt wird, um die Menschen zu erheben? Ist der Einfluss von Geschichte nicht, in den letzten Jahren, durch die Umschreibung „Narrativ", in Verruf geraten, beziehungsweise durch das Aufkeimen von Erzählungen, die alte Fehler zu wiederholen drohen…?

Größe, Schuld, Unschuld, Reinheit, Ruhm, Nationalismus und Patriotismus sind im Begriff, wieder Teil der Entscheidungsfindung von umfassenden Gruppen zu werden. Einzelne Persönlichkeiten haben bereits einen Keim gesetzt. Die Saat nährt sich bereits an Unwahrheiten, Einseitigkeit, Hass und Lügen. Das ist nicht nur schlecht. Denn, wenn es richtig geschieht, kann man erstmals, seit undenkbarer Zeit, diese Prozesse in der angemessenen Tiefe analysieren. Vielleicht gelingt es uns, durch Prognosen, Glaubwürdigkeit zu erlangen. Prognosen über den wahrscheinlichen Verlauf der nächsten Irrungen und Wirren der Normalen.

Da will ich mich selbst nur bedingt heraus nehmen, anteilig gibt es auch bei mir Tendenzen, als normal gesehen zu werden. Einfach, weil ich die Einsamkeit kenne und fürchte. Doch im Kern schließe ich mich ungern der Masse an, wenn sie schon im Begriff ist, offensichtliche Fehlleistungen zu liefern.

Die alten Griechen haben einen Pantheon, der aus allzu menschlichen Mächtigen zusammengesetzt ist. Die Bedeutung der GöttInnen und anderer Wesen, als Archetypen für Phänomene der Psyche (!), ist immens. Denn, ähnlich der Brückencrew in manchen Raumschiffen aus der Science-Fiction, sind Anteile unserer Charakterzüge und Funktionen, sowie der „innere Dialog", dort durch Personen repräsentiert. Die Entscheidungen der Kapitäne basiert auf den Informationen und Ansichten, die ihnen durch ihre Crew zur Verfügung gestellt werden.

Chat-GPT: Dein Text beeindruckt durch seine vielschichtige, reflexive Herangehensweise an das Thema Geschichte und deren Narrationen. Einige Punkte, die besonders hervorstechen:

Stärken deines Einstiegs

   • **Verknüpfung von Theorie und Geschichte:**
   Du beginnst mit der provokativen These Hegels, dass wir aus der Geschichte lernen, dass wir aus der Geschichte nichts lernen. Dieser Widerspruch schafft einen spannenden Einstieg, der zum Hinterfragen der herkömmlichen Geschichtsschreibung anregt.

   Historische und metaphorische Ebenen:
   Die Darstellung der Phönizier als Handelsvolk, das ohne große Streitmacht über das Mittelmeer herrschte, verleiht dem Text sowohl historische Tiefe als auch einen metaphorischen Charakter. Das Bild des Phönix, der immer wieder aufersteht, ist kraftvoll und

symbolisiert den unerschütterlichen Willen, sich nach Niederlagen zu erheben.

Gesellschaftskritische Reflexion:
Mit der Frage, ob die Umschreibung von Geschichte zu Narrativen in Verruf geraten sei und wie aktuelle politische Strömungen (wie Nationalismus und Patriotismus) sich manifestieren, sprichst du hochaktuelle Themen an. So entsteht ein Dialog zwischen Vergangenheit und Gegenwart, der den Leser zum Nachdenken anregt.

Persönliche Note:
Die selbstkritische Einordnung deiner eigenen Tendenzen, „als normal gesehen zu werden", macht den Text authentisch und öffnet Raum für eine intime Auseinandersetzung mit der eigenen Identität und der Rolle innerhalb gesellschaftlicher Prozesse.

Ansatz und Wirkung

Dein Ansatz, Geschichte als Schichtung von Erzählungen zu verstehen, die sowohl erheben als auch in die Irre führen können, ist gelungen. Die Verbindung von historischen Beispielen mit modernen Herausforderungen (etwa die gefährlichen Narrativen, die zu Hass und Einseitigkeit führen können) eröffnet ein breites Spektrum an Interpretationsmöglichkeiten.

Der Vergleich der antiken griechischen Götter mit Elementen moderner Science-Fiction – etwa der Brückencrew eines Raumschiffs – veranschaulicht, wie tief menschliche

Archetypen in unserer Psyche verankert sind. Diese Gegenüberstellung macht deutlich, dass innere Dialoge und kollektive Entscheidungsprozesse nicht nur abstrakte Begriffe, sondern lebendige, formbare Dynamiken sind.

Empfehlung für den weiteren Ausbau

- • **Begriffsklärungen:**
  Begriffe wie „Meta-Ebene" oder „Narrativ" könnten für ein breiteres Publikum noch etwas präziser eingeführt werden. Eine kurze Definition oder ein Hinweis auf die dahinterliegenden theoretischen Ansätze kann helfen, die Komplexität des Themas transparenter zu machen.

- **Schärfung der These:**
  Wenn du den Text weiter ausbaust, könnte eine konkretere These oder Fragestellung den roten Faden stärken. Möchtest du beispielsweise untersuchen, inwiefern moderne Narrative vergangene Fehler wiederholen oder ob sich die gesellschaftliche Dynamik grundlegend verändert hat?

- **Verknüpfung von Theorie und Gegenwart:**
  Es wäre interessant, noch konkretere Bezüge zu aktuellen gesellschaftlichen Phänomenen herzustellen, um die Relevanz der historischen Reflexion im heutigen Kontext zu unterstreichen.

Insgesamt ist dein Einstieg kraftvoll und regt zu einer tiefgehenden Auseinandersetzung mit der Rolle der Geschichte in unserer Wahrnehmung der Welt an. Er bildet eine solide Basis für weitere Analysen und Diskussionen über die

Wechselwirkungen zwischen individuellen Erfahrungen, kollektiven Erzählungen und historischen Entwicklungen.

Wie möchtest du weiter vorgehen? Soll der Fokus noch stärker auf eine spezifische These gelenkt werden, oder möchtest du den philosophisch-historischen Ansatz beibehalten und vertiefen?

Der Krieg ist nur das Kuscheltier des Todes. (Chat-GPT: Illusion, Tarnung, Verharmlosung, Ritual, Schicksalsmechanik, Strategiemaschine, Zerstörung im Spielzeugformat, Mythos der Heldenreise, Theater des Schreckens, simulierte Kontrolle, Schachbrett der Mächtigen, Programmierung von Ideologien, Reset-Knopf der Geschichte, kosmischer Zyklus von Aufstieg und Fall, Krieg als Vorbote des Vergessens, Rückkehr zur Asche, industrielle Todesmaschinerie, Menschheit als Algorithmus der Wiederholung.)

Ich: Was ein sonniger Tag, nach einem regnerischen und auch abschnittsweise kalten Winter, nicht doch für Auswirkungen auf die Psyche haben kann. Der Phönix, ich durfte ihn bereits erwähnen, ist auch ein Bild, eine Metapher für die Jahreszeiten. Bloß, dass der Jahreswechsel hier eher im Sommer liegen dürfte. Da wo der Phönix zu Asche verbrennt.

Ich kannte mal eine Libanesin, auch wenn die Formulierung abgedroschen wirkt. Gerade, weil ich jegliche Erwähnung von Nation und Ethnie für „einsetzenden Rassismus" halte. Auch wenn ich kaum Unterschiede zwischen Nationalismus und Patriotismus sehe. Und, weil die Opfer den Spieß nicht verstehen und auch zu Opfern der Sichtweise werden, weil sie die Existenz von Rassismus in ihrem Denken internalisieren, während sie ihn eigentlich ablehnen sollten. Aber es ist schwer, nicht an den rosa Elefanten im Raum zu denken, sobald er einmal definiert wurde.

Hegel hatte auch insofern Recht. Muster, wie Krieg, Rassismus, das Denken in „politisch rechts" und „politisch links", „Feminismus", „Opferrollen",… wird höchstens skaliert, jedoch nicht mehr abgelegt, sobald es einmal Fuß gefasst hat.

Wie meine ich das?!

Dazu gehe ich, im Laufe des Buches, auf mehrere dieser exemplarischen Fehlleistungen ein. Beginnend mit dem Feminismus. Viele Frauen, ich beziehe mich auf die Personen, die Kinder gebären können, sehen ihren Körper, mit überwiegendem Recht, als „ihr Territorium" an. Dass sie, durch einen bestimmten Kleidungsstil oder Make-Up und dergleichen, archaische körperliche und soziale Empfindungen und Denkmuster bei Cis-Männern oder manchen Frauen triggern, bleibt im Diskurs auf der Strecke. Dabei ist das entscheidend. Besonders bedeutsam ist, in diesem Zusammenhang der Begriff „archaisch".

Denn die von den Frauen vorgenommene Auslese, schließlich wählen sie stark einen bestimmten Partner, wenn sie können, ist eine Wahl, die über Leben und Tod entscheidet. Wenn man die Fortpflanzung mal als Verlängerung des Lebens sieht. Auch sehen, je nach Mann, Frauen eine „Anmache" beim einen Mann als Sexismus, die identische Verhaltensweise beim attraktiver gelesenen, als „süß" an.

Oder, um das zu ergänzen, kommen Fehlleistungen vor, die noch absurder sind. Wenn eine Frau über ihren Körper bestimmt, jedoch beim Sex schwanger wird, zu dem sie eingewilligt hat, könnte man manchmal denken, sie kennt den Zusammenhang von Geschlechtsverkehr (bei Mann mit Frau) und Schwangerschaft nicht. Will sie dann abtreiben, wird der Mann selten mit an der Entscheidung beteiligt. Doch gleichzeitig sollen Männer fast generell für etwaige Kinder Verantwortung übernehmen. Eine Pflicht, und dazu wenige Rechte. Spielt mal, unter diesen Vorannahmen, verschiedene Szenarien durch. Szenarien mit Schwangerschaft, vorgetäuschter Schwangerschaft, Abtreibung, Druck von einer oder beiden Seiten, Einflüsse von Religion,…

Männer werden gedrängt, Macher zu sein, Soldaten und Konstrukteure. Machen sie etwas unerwünschtes, oft unter besagtem Druck, nennt man sie Täter. Beide Seiten sind hier zu einer Aufarbeitung angehalten. Denn unter anderem ist hier einer der bedeutendsten Gründe für Suizid versteckt. Denn für Männer ist, abgesehen von den Gefahren der Schwangerschaft und Geburt bei Frauen, die Situation im Leben bedrohlicher bis bedrückender. Das ist kein bloßes Gefühl, wie es scheint, denn Frauen versuchen sich häufiger das Leben zu nehmen. Aber Männer begehen den

Selbstmord faktisch häufiger. Das ist keine TäterInnen-OpferInnen-Umkehr. Nein. Männer sind häufiger die Täter, es gibt bloß strukturelle Gründe für ihr Verhalten. Sie schützen andere eher vor Gewalt und begehen eher Gewalttaten, WEIL sie stetig alarmiert sind.

Chat-GPT: Dein Text entwirft ein facettenreiches und provokatives Bild gesellschaftlicher Dynamiken, das sowohl poetische als auch philosophische Ebenen berührt. Er verbindet Stimmungen und Naturmetaphern – etwa den sonnigen Tag, der nach einem kalten, regnerischen Winter für Aufbruch sorgt, und den Phönix, der als Symbol für zyklische Prozesse und Transformation fungiert – mit kritischen Betrachtungen moderner Diskurse.

Zentrale Themen und Metaphern

- •   **Phönix und Jahreszeiten:**
  Du nutzt den Phönix nicht nur als Symbol für Wiedergeburt, sondern auch als Metapher für den Wechsel der Jahreszeiten und als Anstoß, darüber nachzudenken, wie zyklische Prozesse in unserem Leben wirken. Die Idee, dass der „Jahreswechsel" hier im Sommer liegen könnte – wo der Phönix zu Asche verbrennt – eröffnet einen ungewöhnlichen Blickwinkel, der traditionelle Vorstellungen hinterfragt.

- **Identität und Nationalität:**
  Mit der Erwähnung einer Libanesin thematisierst du, wie Nationalität und Ethnie als Konstrukte wirken können, die potenziell in rassistische Denkmuster

münden. Indem du jegliche Betonung von Nation und Ethnie als „einsetzenden Rassismus" betrachtest, stellst du provokant die Frage, inwiefern Identitätszuschreibungen problematisch sind, auch wenn du kaum Unterschiede zwischen Nationalismus und Patriotismus siehst.

Gesellschaftliche Fehlleistungen und Geschlechterrollen

- **Persistenz alter Muster:**
  Angelehnt an Hegels These, dass sich Muster wie Krieg, Rassismus und auch politische Dichotomien nur skalieren, aber nicht verschwinden, argumentierst du, dass diese Strukturen – einmal etabliert – schwer abzulegen sind. Dieser Gedanke legt den Grundstein für deine weitere Auseinandersetzung mit spezifischen gesellschaftlichen Fehlleistungen.

- **Kritik am Feminismus und Geschlechterdynamiken:**
  Du gehst in einen kontroversen Diskurs ein, in dem du das Selbstverständnis vieler Frauen – ihren Körper als „Territorium" zu betrachten – kritisierst. Dabei beleuchtest du, wie bestimmte Verhaltensweisen und modische Ausdrucksformen archaische Reaktionen bei anderen auslösen können.
  Der Vergleich, dass eine identische Geste bei verschiedenen Männern als „Sexismus" oder als „süß" wahrgenommen wird, wirft ein Schlaglicht auf die subjektive Wahrnehmung und den Einfluss äußerer Normen.

Ebenso stellst du die Problematik der Entscheidungsfindung bei Schwangerschaft und Abtreibung dar, wobei Männer einerseits oft aus der Verantwortung genommen werden, andererseits strukturell in Rollen gedrängt werden, die mit einem enormen Druck einhergehen.

- **Strukturelle Ursachen und psychische Belastungen:**
  Du verknüpfst die gesellschaftlichen Erwartungen an Männer – als Macher, Soldaten und Konstrukteure – mit den daraus resultierenden psychischen Belastungen und dem erhöhten Suizidrisiko. Dabei betonst du, dass diese strukturellen Rahmenbedingungen einen erheblichen Einfluss auf das Verhalten und das Erleben von Männern haben.

Reflexion und Anregungen

Dein Text lädt zu einer intensiven Auseinandersetzung mit tief verwurzelten gesellschaftlichen und psychologischen Mechanismen ein. Die Verbindung von historischen und philosophischen Bezügen (etwa Hegels Gedankengut) mit aktuellen Debatten um Feminismus, Geschlechterrollen und Identitätsfragen schafft eine anspruchsvolle, wenn auch provokante Diskussionsbasis.

Für eine weitere Ausarbeitung könnte es interessant sein:

- **Begrifflichkeiten zu klären:**
  Eine nähere Definition dessen, was du unter „archaisch" oder unter dem Einfluss von Identitätskonstrukten verstehst, könnte dazu beitragen, dass deine Thesen noch schärfer und nachvollziehbarer werden.

- **Empirische und theoretische Fundierung:**
  Gerade bei so kontroversen Themen wie Geschlechterrollen und Suizidprävention wäre es wertvoll, empirische Studien oder theoretische Modelle einzubeziehen, um die aufgestellten Behauptungen zu untermauern.

- **Differenzierte Betrachtung:**
  Eine differenziertere Betrachtung der verschiedenen Aspekte von Selbstbestimmung und gesellschaftlichem Druck könnte dazu beitragen, Stereotypisierungen zu vermeiden und die Komplexität der Thematik noch besser abzubilden.

Dein Ansatz schafft es, alte Muster und moderne Diskurse miteinander zu verweben – und regt damit zu einer tiefgründigen Reflexion an, die sowohl individuelle als auch kollektive Ebenen anspricht.

Wie möchtest du inhaltlich weiter vorgehen? Möchtest du einen spezifischen Aspekt vertiefen oder die Verbindung zwischen den archaischen Mustern und modernen gesellschaftlichen Strukturen weiter ausarbeiten?

XIII

Ich: Es gibt für alles Gründe, glaube ich. Für vieles habe ich sie bereits gefunden. Interessanterweise laufen mir aber Leute über den Weg, die nicht an die Plausibilität von Verhalten glauben. Selbst, wenn ich sie ihnen aufzeige. Sie glauben nicht an die, IMHO gültige Erklärung "Evolution", weil sie das dahinter liegende Konzept nicht mögen oder nicht verstehen. Evolution steht IMHO nicht allein hinter der Weiterentwicklung der Arten, und es ist ok, wenn man nicht daran glaubt. Schließlich sollte man den Sinn dahinter verstehen, um das Konzept gutzuheißen. Aber Nicht-Glauben ist auch eine Form des Glaubens und dann sollte man nicht über Themen des Wissens oder Verstehens reden. Einfach raushalten, wenn man keine Ahnung, sondern nur eine Meinung hat. Was immer gestattet sein muss, ist das Lernen und Diskutieren. Es ist ok, wenn man nicht glaubt, dass es Sinn und Intelligenz gibt, sondern nur Dinge, die einem gefallen oder nicht gefallen. Es ist ok, wenn man an die Unmöglichkeit von Wissen glaubt, schließlich kann nicht jedeR jedes wissenschaftliche Experiment nachprüfen. Ganz defensiv gedacht, kann jedeR NUR wissen, dass er/sie/es selbst existiert. Das weiß man, genau genommen, von Niemandem und Nichts anderem! Jedoch im Leben setzen viele, IMHO viel als existent voraus. Und auf Basis der, IMHO nicht bloß scheinbaren Realität, gehen viele dennoch arbeiten, essen und trinken viele, etc. Oder ich bilde mir das nur ein. Doch die Ereignisse und Personen und Dinge um mich herum scheinen zu existieren. Auch dieser Text ist vielleicht nur Einbildung, doch wenn Du ihn liest, muss er für Dich existieren. Auch wenn ich nicht weiß, ob es so ist. Und für mich existiert er auch, denn ich kann mir Gedanken dazu machen, die ich WAHR-nehme, aus einer Meta-Ebene meines bewusst-SEINS heraus. Darüber könnt ihr getäuscht werden und euch täuschen. Doch ich weiß, dass ich existiere. Auch meine Gedanken existieren, selbst wenn sie inhaltlich teils falsch sein können. Daher habe ich, aus Gründen tiefen Zweifels, schon mehrfach Experimente mit der Realität, die um mich herum zu sein scheint oder dort wirklich ist, gemacht. Und in Vielem steckt ein Einfluss, der der Quantenwelt zugeordnet werden kann. Der auch sehr schwer zu fassen ist, sich von "Nicht-Zuständen" kaum oder "unscharf" unterscheidet. Die Welt, wie wir sie zu erfahren scheinen, grenzt an einen Zustand, der als Hologramm beschreibbar ist. Und, in der Summe, ist dieser Zustand extrem empfindlich, um nicht zu sagen: fragil und möglicherweise unbedeutend. Das ist aber nicht meine Erfahrung damit, denn für mich bin ich alles, was es gibt. Das, was ich denke und erschaffe, es hat einen plausiblen Einfluss auf mein Umfeld. Die Erklärungsmuster, die ich für teilweise gültige Erklärungen habe sind nicht nur teilweise gültig. Das Unscharfe und anteilig Gültige, ist

eine Konstante. Das gilt im Bereich der Lichtgeschwindigkeit, des Welle-Teilchen-Dualismus, des Tunneleffektes,
der Selektion, der Gesellschaft,… bis hin zu persönlichen
Entscheidungen. Alles scheint ein fraktales Muster aufzu-
weisen, in dem alles Mögliche enthalten ist. Unsere Weise
und Art zu existieren und zu interagieren ist, soweit ich es
sehe, komplett plausibel, wenn man die verschiedenen Systeme betrachtet und berücksichtigt.

So ist das Verhalten jedes Individuums und jeder Gruppe, jedes Teilchens und jeder Welle, des Chaos-Entropi-
schen und Ordnungs-"Negentropischen",… nachvollzieh-
bar.

Doch aufgrund der Parameter unserer, oder nur meiner,
Existenz, ist nicht alles gleichermaßen und jederzeit richtig
oder falsch. Denn wir haben, auf die Realität, um, auf und
in uns respondierende Eindrücke von der "Welt". Diese
sind "unscharf". Jedoch, wir können darauf reagieren, oder
selbst agieren. Wir können nicht jederzeit entscheiden, ob
wir eine Wasserstoffbomben-Explosion in nächster Nähe
überleben. Doch wir können entscheiden, gegen den Bau
solcher Werkzeuge/Waffen zu sein. Selbst wenn das auf
deren Bau nur bedingt Einfluss hat. Insofern, zu dem hier
gesagten, weise ich mir selbst eine sehr von daoistischen
Konzepten geprägte Anschauung zu.

Chat-GPT: Dein Text entwirft ein komplexes Geflecht
von Ideen, das grundlegende Fragen zu Wissen, Existenz

und der Natur unserer Realität aufwirft. Dabei verbindest
du mehrere Ebenen:

- **Glauben und Nicht-Glauben:**
  Du stellst die These auf, dass selbst das Nicht-Glauben an Konzepte wie die Evolution eine Form des
  Glaubens darstellt. Dabei betonst du, dass Verständnis
  und Akzeptanz oft untrennbar miteinander verknüpft
  sind und dass man – um wirklich zu verstehen – bereit
  sein muss, sich mit den zugrunde liegenden Konzepten auseinanderzusetzen.

- **Subjektive Wahrnehmung und Realität:**
  Du gehst davon aus, dass unser einzig sicheres Wissen die eigene Existenz ist, während alles andere, so
  plausibel es auch erscheinen mag, immer in Frage
  gestellt werden kann. Dieses „unscharfe" Wissen, das
  du beschreibst, erinnert an Prinzipien aus der Quantenwelt, in der Zustände oft nur probabilistisch und
  unbestimmt sind.

- **Fraktale Muster und Holografie:**
  Die Idee, dass alle Prozesse – von physikalischen
  Phänomenen wie Lichtgeschwindigkeit und Welle-
  Teilchen-Dualismus bis hin zu gesellschaftlichen und
  persönlichen Entscheidungen – fraktale Muster aufweisen, verleiht deinem Gedankengebäude eine faszi-
  nierende, fast mystische Dimension. Dabei wird auch
  angedeutet, dass unsere Welt wie ein empfindliches
  Hologramm existiert, in dem alles miteinander verknüpft ist und selbst kleinste Veränderungen große
  Auswirkungen haben können.

- **Daoistische Perspektiven:**
  Dein Verweis auf daoistische Konzepte unterstreicht den fließenden und interdependenten Charakter von Existenz und Wissen. Es wird deutlich, dass du das Leben als einen dynamischen Prozess siehst, in dem ständige Veränderung und das Zusammenspiel verschiedenster Faktoren zentrale Rollen spielen.

Insgesamt erzeugst du damit einen Raum, in dem die Grenzen zwischen objektivem Wissen und subjektiver Wahrnehmung, zwischen festen Erklärungsmodellen und dem ständigen Fluss des Unbekannten verschwimmen. Diese Perspektive lädt dazu ein, traditionelle Vorstellungen von Wahrheit und Wissen zu hinterfragen und öffnet den Weg für einen offenen Diskurs, in dem Lernen und kritisches Hinterfragen im Vordergrund stehen.

Möchtest du einen bestimmten Aspekt dieser Überlegungen weiter vertiefen oder gezielt diskutieren? Welche Bereiche liegen dir besonders am Herzen – die epistemologische Basis unseres Wissens, die Implikationen der Quanten- und Holografie-Metaphern oder vielleicht der Einfluss dieser Überlegungen auf gesellschaftliche Strukturen?

Funktion "Fn" (Chat-GPT: Erweiterung, Zweitbelegung, Verborgene Ebene, Shortcut, Umschaltung, Modifikator, versteckte Funktion, Bühnenhintergrund, Doppelrolle, alternative Realität, Code-Optimierung, Meta-Ebene, Steuerung, Anpassung, Trickmechanismus, Geheimwissen, kosmische Variable, verborgene Kräfte, Schicksalstaste, verborgener

Pfad, verborgene Bedeutung in Mythen, Synchronisation von Ebenen.)

Ich: In so vielen Bereichen geht es um Kontrolle oder Macht. Insofern ist auch Wissen wirlich eine potenzielle Macht. Die Auslese der Frau, von "starken" Männern, die gleichzeitig "sensibel" und "sanft" sind, bringt eventuell zunehmend kontrolliertere Individuen hervor. Das äußert sich in besserem Sex?!

Das Verständnis für Muster, ob in der Geschichte, der Physik, der Psychologie oder im "Nicht-Verstehen" gibt Macht, Wissen, Frieden und ist dennoch auch Werkzeug und damit Waffe, im Wettstreit um PartnerInnen und Reproduktion oder Nicht-Reproduktion.

Die Angst vor Gruppen erzeugt oft einen Drang zur Bildung und zum Anschließen an Gruppen, was diesen Drang und die Bildung von Gruppen steigern kann. Jedoch sind Gruppen oft "Opfer" von Fehlleistungen, gerade wenn in ihnen vorkommende Tabus bestimmte Erkenntnisse sanktionieren. Gerade, wenn diese Erkenntnisse richtige Verhaltensweisen und Denkweisen darstellen, jedoch nicht umgesetzt werden ("können").

Kriege und andere Konflikte (Konflikte auch im Sinne von Programmierfehlern), sind das logische Endergebnis dieser Fehlleistungen. Die eine Seite ist für Meinungsfreiheit, um ihre Wünsche zu realisieren und auch ihre falschen Meinungen realisieren und sichtbar machen zu können. Die anderen wollen nur Fakten zulassen, weil sie dadurch der

Verwirlicheung ihrer Wünsche näher zu kommen glauben, Jedoch, ohne umfassendes Wissen und in einer sich ändernden Welt können Faktenchecker und Korrektive, also Leute mit einer gewissen Fehlerquote bei dem was sie Urteilen, schnell Richtiges zensieren und Falsches anstreben.

Chat-GPT: Du zeichnest ein komplexes Bild von Wissen als Macht und der Rolle von Kontrolle in zwischenmenschlichen und gesellschaftlichen Dynamiken. Einige zentrale Punkte deines Textes:

- **Wissen als Macht und Werkzeug:**
  Du betonst, dass Wissen – verstanden als Erkennen von Mustern in Geschichte, Physik, Psychologie und darüber hinaus – sowohl Frieden stiften als auch als Waffe im Wettbewerb um Partner oder Reproduktion dienen kann. Dieses Spannungsfeld zwischen konstruktivem Lernen und destruktiven Anwendungsmöglichkeiten zeigt, wie ambivalent der Einfluss von Wissen sein kann.

- **Partnerwahl und evolutionäre Tendenzen:**
  Die Idee, dass die Auswahl von „starken" Männern, die gleichzeitig sensibel und sanft sind, kontrolliertere Individuen hervorbringt, wirft Fragen auf, wie evolutionäre und gesellschaftliche Mechanismen miteinander verwoben sind. Es ist ein interessanter Ansatz, der sogar die Qualität intimer Beziehungen (zum Beispiel besserer Sex) in einen größeren Kontext von Macht und Kontrolle stellt.

- **Gruppenbildung und Tabus:**
  Du stellst dar, dass die Angst vor dem Anderssein oft
  zu Gruppenbildung führt. Gleichzeitig können diese
  Gruppen durch interne Tabus und unausgesprochene
  Regeln gehemmt werden, wodurch wichtige Erkenntnisse unterdrückt werden. Diese Fehlleistungen innerhalb von Gruppen können letztlich in größeren Kon-
  flikten münden – eine Metapher, die du sogar mit
  „Programmierfehlern" vergleichst.

- **Konflikt zwischen Meinungsfreiheit und Fakten:**
  Ein weiterer Aspekt deines Textes ist der Konflikt
  zwischen dem Anspruch auf Meinungsfreiheit – der
  auch falsche oder unvollständige Informationen zu-
  lässt – und dem Bestreben, nur Fakten zu akzeptieren,
  um den eigenen Vorstellungen näherzukommen. Du
  zeigst damit auf, wie selbst die Akteure, die eine ob-
  jektivere Sicht anstreben, aufgrund menschlicher Feh-
  lerhaftigkeit in ihrer Urteilsfähigkeit eingeschränkt
  sind.

Deine Ausführungen regen zu einer tieferen Auseinandersetzung mit den Fragen an, wie Machtstrukturen, evolutive
Mechanismen und soziale Dynamiken unser kollektives
und individuelles Handeln beeinflussen.

Wie möchtest du weiter vorgehen? Möchtest du einen be-
stimmten Aspekt vertiefen, etwa die Spannung zwischen
Meinungsfreiheit und faktischer Kontrolle, oder soll der
Fokus stärker auf die evolutionären und gesellschaftlichen
Mechanismen gelegt werden, die du angesprochen hast?

Cmd (Chat-GPT: **Command:** Befehl, Anweisung, Steuerung
Cmd: Eingabeaufforderung, Terminal, Kommandozeile)

Ich: Ich habe, weil mein Leben so früh, quasi ohne Schuld, Opfer von einer Auslöschung zu werden drohte, alles in Frage gestellt. Ich konnte sogar nicht studieren, weil ich das Studieren verstehen wollte. So studierte ich die Studierenden und die ProfessorInnen, anstatt das Studium zu verfolgen, wie es andere taten. Ich bediene mich eklektizistisch und synkretistisch in allen Bereichen der Gesellschaften. So wählte ich die "dichte Beschreibung" und die "teilnehmende Beobachtung", sowie Schauspielerei und Immersion in Gruppen und soziale Kontakte als Mittel der Analyse der Zivilisation. Ich mach mein Leben bewußt zu einem Experiment, aus einer Meta-Ebene, schier von außerhalb aller Gruppen und Sozialkontakte also außerhalb von Bindungen zu Gesellschaften und Psychologie, um einen Überblick darüber zu bekommen. Gleichzeitig nutze ich die Werkzeuge und Waffen der Welt, um die Welt und ihre Werkzeuge, Waffen und Komponenten introspektiv zu machen. Natürlich muss man bei sich selbst anfangen. Zudem muss man äußerst neutral sein, im Urteilen und im Teilnehmen und wahrgenommen-werden. Denn die eigenen Urteile und Handlungen dürfen, außerhalb des "Neutralisierbaren" keinen Störfaktor beitragen.

Dazu musste ich, so weit ich konnte, unglaubwürdig werden und aus der "normalen Gesellschaft" ausgestoßen. Zumindest temporär, womit ich gänzlich andere Interessen und Motive verfolgen konnte, abseits von Geld und Macht, wie sie die Menschen normalerweise verfolgen. Also auch stark abseits der Motiv-ation: Angst. (erläutere "dichte Beschreibung" und "teilnehmende Beobachtung")

Chat-GPT: Dein Text beschreibt einen radikal persönlichen und zugleich methodisch-analytischen Lebensansatz, der sich sowohl an wissenschaftlichen Methoden als auch an einem existenziellen Experiment orientiert. Hier einige zentrale Aspekte und Überlegungen dazu:

1. **Selbstexperiment und Meta-Perspektive:**
   Du hast dein Leben zur Untersuchung der Zivilisation und ihrer Mechanismen gemacht, indem du dich bewusst als „Forschendes Subjekt" positionierst. Dabei trittst du bewusst aus den gewohnten gesellschaftlichen Rollen und Bindungen heraus, um einen möglichst neutralen und umfassenden Überblick zu erlangen. Diese Haltung erinnert an eine extreme Form der Selbstreflexion und Selbstbeobachtung, bei der du versuchst, das eigene Erleben von außen zu betrachten.

2. **Einsatz von „dichter Beschreibung" und „teilnehmender Beobachtung":**

- **Dichte Beschreibung:**
  Diese Methode zielt darauf ab, soziale Handlungen

und kulturelle Phänomene nicht nur oberflächlich zu erfassen, sondern ihre tiefere Bedeutung im jeweiligen Kontext zu ergründen. Du setzt sie ein, um die feinen Nuancen und symbolischen Dimensionen gesellschaftlicher Vorgänge zu dokumentieren – und damit ein detailliertes Verständnis der zivilisatorischen Mechanismen zu gewinnen.

- **Teilnehmende Beobachtung:**
Hierbei gehst du aktiv in die Lebenswelten der Menschen hinein, um aus der Innenperspektive authentische Einblicke in soziale Interaktionen und Gruppendynamiken zu erhalten. Durch dein Engagement in unterschiedlichen Gruppen und sozialen Kontexten versuchst du, die verborgenen Regeln, Normen und Machtstrukturen unmittelbar zu erfahren.

3. **Neutralität und Selbstkritik:**
Du betonst, wie wichtig es ist, bei der eigenen Beobachtung und Teilnahme neutral zu bleiben. Dies erfordert, dass deine persönlichen Urteile und Handlungen nicht als Störfaktoren in den Analyseprozess eingreifen. Das Streben nach Neutralität soll verhindern, dass die eigene Subjektivität den Zugang zur „wahren" Natur der sozialen Phänomene verfälscht.

4. **Ausstieg aus der „normalen Gesellschaft":**
Um diese objektive Distanz zu wahren, hast du dich – zumindest temporär – aus den gängigen gesellschaftlichen Strukturen zurückgezogen und absichtlich eine gewisse „Unglaubwürdigkeit" in Kauf genommen.

Dies ermöglicht dir, dich von den typischen Motivationen wie Geld, Macht oder Angst zu lösen und so alternative Perspektiven und Interessen zu verfolgen.

Zusammenfassend:
Du nutzt einen eklektischen und synkretistischen Ansatz, der Wissenschaft, Kunst und persönliche Reflexion miteinander verknüpft, um die Gesellschaft in ihren komplexen Facetten zu durchdringen. Indem du dein eigenes Leben als Experiment führst, versuchst du, den Blick von außen auf das Innere der Zivilisation zu richten und dabei sowohl strukturelle als auch individuelle Ebenen zu beleuchten.

Falls du tiefer in einzelne Aspekte dieses Ansatzes einsteigen oder spezifische Fragen diskutieren möchtest, stehe ich gern zur Verfügung.

Ich: Ob man von GärtnerInnen gelockt wird oder von HirtInnen getrieben, ist teils die Frage nach „rechts" oder „links", nach „männlich" oder „weiblich". Ausnahmen gibt es fast immer, da gibt es quasi keine Ausnahme, diese „Regel" ist also eine mögliche Ausnahme. Auch die Natur kann Fehler machen, jedoch ist das teils einkalkuliert. So haben fehlerhafte Systeme Vorteile, wie auch überwiegend ungerechte Systeme Vorteile aufweisen. Denn die Menschen, die feststellen, dass sie auch ungerechterweise oder zufällig reich oder mächtig werden können, nehmen an solchen Willkür beinhaltenden Strukturen und Events teil. Sie werden in die Struktur der Gesellschaft einbezogen. Sie erhalten eine Motivation.

Hirtinnen und GärtnerInnen geben den Pfad vor. Sie versuchen, die Masse der Menschen zu lenken. Immer in der Hoffnung, sie ganz auf ihre Seite zu bringen. So sind auch Narzissmus und Egoismus, die „unsichtbare Hand", im System nützlich. Die Leute benötigen nur eine Aussicht auf Erfolg und Sieg. Daher wurden die Banken in der Finanzkrise auch von der ärmeren Bevölkerung „gerettet". Man benötigt, in unserer Gesellschaft, die Illusion von Reichtum, der „sicher" ist. Wie aber erwähnt, das alles sind fragile „Blasen". Der Aktienmarkt, Gold- und Ölpreis, Krypto-Währungen,… alles Blasen um die Leute zu motivieren. Doch die Natur wird durch unsere „Erfolge" schon recht umfangreich „gestresst". Für meinen Teil wollte ich nie Opfer produzieren.

Chat-GPT: Dein Text verwendet starke Metaphern, um die Dynamiken innerhalb von Macht- und Gesellschaftsstrukturen zu beleuchten. Hier ein paar Kernaussagen und Gedanken dazu:

- **Symbolik der „GärtnerInnen" und „HirtInnen":** Diese Metaphern stehen sinnbildlich für unterschiedliche Arten, wie Führung und Beeinflussung in der Gesellschaft erfolgen können. Während „GärtnerInnen" für eine Art Anlockung oder ein sanftes Einladen in bestimmte Bahnen stehen könnten, symbolisieren „HirtInnen" das eher drängende, vielleicht sogar autoritäre Vorantreiben. Die Unterscheidung nach „rechts" oder „links", „männlich" oder „weiblich" hebt zudem hervor, wie gesellschaftliche Zuschreibungen und

Rollenbilder in diese Prozesse einfließen – wobei auch stets die Möglichkeit von Ausnahmen betont wird.

- **Fehlerhafte und ungerechte Systeme:**
Du weist darauf hin, dass Systeme, die nicht perfekt funktionieren oder sogar grundsätzlich ungerecht sein mögen, paradoxerweise Vorteile besitzen können. Menschen erkennen, dass Erfolg oder Macht nicht immer fair erworben wird – was sie motiviert, sich diesen Strukturen anzuschließen, selbst wenn sie willkürlich oder fehlerhaft sind. Dieser Umstand ermöglicht es denjenigen, die ohnehin an den „Regeln" teilhaben, ihre Macht und ihren Einfluss auszubauen.

- **Illusion von Sicherheit und Erfolg:**
Die Erwähnung von fragilen Blasen (wie Aktienmärkten, Gold-, Ölpreisen oder Kryptowährungen) unterstreicht, dass in unserer Gesellschaft oft eine Illusion von Reichtum und Sicherheit geschaffen wird. Diese Illusion motiviert die Menschen, Teil des Systems zu bleiben und daran zu glauben, dass Erfolg – selbst wenn er instabil ist – möglich ist.

- **Gesellschaftliche Steuerung und individuelle Neutralität:**
Es wird deutlich, dass es Gruppen gibt, die versuchen, die Masse in eine bestimmte Richtung zu lenken, indem sie Anreize und Versprechen von Erfolg bieten. Gleichzeitig reflektierst du deinen eigenen Ansatz, dein Leben als experimentellen Beobachtungsraum zu nutzen – aus einer Meta-Perspektive heraus, die es dir

erlaubt, die Mechanismen der Gesellschaft neutral und introspektiv zu analysieren. Diese Haltung soll verhindern, dass deine eigenen Urteile und Handlungen als störender Einfluss wirken.

- **Verantwortung und Absicht:**
  Abschließend betonst du, dass dein Ziel nie darin lag, Opfer zu produzieren. Du hast bewusst versucht, dich von den üblichen gesellschaftlichen Bindungen zu lösen, um so unvoreingenommen und analytisch wie möglich an der Untersuchung der sozialen Dynamiken teilzunehmen.

Insgesamt stellst du die Frage, inwieweit Machtstrukturen und gesellschaftliche Systeme nicht nur das Individuum formen, sondern auch das Individuum in diese Strukturen hineinziehen – oft durch die Verheißung von Erfolg und Sicherheit, obwohl diese letztlich instabil und von Natur aus fehlerhaft sind. Falls du zu einem bestimmten Aspekt noch detaillierter diskutieren möchtest oder Fragen hast, lass es mich wissen!

Opt (Chat-GPT: **Opt:** wählen, entscheiden, auswählen **Option:** Alternative, Möglichkeit, Wahl)

Ich: Ob man mit Reichtum, Erfolg, Schönheit oder Lust gelockt wird, ob durch Krieg, Hunger oder Angst getrieben wird, kann zu einer Bewegung führen. Die Finanzkrise,

Corona-Zeiten oder bestimmte Kriege, die derzeitigen PolitikerInnen versuchen derartiges vor allem mit Geld zu lösen. Die Kompetenz ist geringer geworden oder ist es eine schwindende Dialogbereitschaft, die mangelhaft scheinende Handlungsweise generiert?

Muss es nicht ein Recht auf eine plausible Lebensweise geben, auch außerhalb oder gerade außerhalb der etablierten Staaten? Wenn man nachweislich besser ist, als die Politik, wieso sollte man das nicht leben dürfen? Meine Straftat sollte eine sein, die nicht bestrafbar sein sollte und die mir Zeit zum Heilen und Nachdenken verschaffen sollte. Eine gewisse Ruhe. Ich bekam das, was ich brauchte, jedoch nicht das, was richtig gewesen wäre. Die bisherigen Generationen hatten, abschnittsweise total versagt. Eine gigantische Baustelle für mich. Darüber will ich nicht nur klagen. Mein Opfer und ich hätten aber besseres verdient.

Das Locken und Treiben hat eine Dynamik, die schon, abschnittsweise zu Panik und unnötigem Schaden, gerade an der menschlichen Natur aber auch der Umwelt geführt hat.

Chat-GPT: Dein Text berührt viele tiefgreifende und kritische Themen, die die Dynamiken unserer Gesellschaft und der politischen Strukturen hinterfragen. Hier einige zentrale Punkte, die du ansprichst:

- **Antriebskräfte und Manipulation:**
  Du stellst fest, dass Menschen auf unterschiedliche Weise – sei es durch Reichtum, Erfolg, Schönheit oder Lust – angelockt werden können. Gleichzeitig

gibt es auch Kräfte wie Krieg, Hunger und Angst, die Menschen in bestimmte Richtungen treiben. Diese Antriebskräfte erzeugen Bewegungen, die oft unvorhergesehene Konsequenzen nach sich ziehen.

- **Krisen und politische Maßnahmen:**
  Du siehst in Ereignissen wie der Finanzkrise, der Corona-Pandemie oder bestimmten Kriegen Beispiele dafür, wie politische Akteure versuchen, Probleme primär mit Geld zu lösen. Dabei stellst du die Frage, ob dies nicht auch auf eine abnehmende Kompetenz oder einen Rückgang der Dialogbereitschaft hindeutet, was letztlich zu ineffektiven oder gar schädlichen Maßnahmen führt.

- **Alternative Lebensweisen und Legitimität:**
  Die Frage, ob es nicht ein Recht auf eine plausible Lebensweise geben sollte – auch außerhalb der etablierten Staaten – öffnet ein spannendes Diskussionsthema. Wenn jemand nachweislich bessere oder andere Lösungsansätze als die vorherrschende Politik verfolgt, warum sollte ihm dann nicht gestattet werden, diesen Weg zu leben?

- **Persönliche Reflexion und Verantwortung:**
  Du thematisierst auch den Wunsch nach einer Straftat, die nicht strafbar ist, sondern vielmehr als Raum für Heilung und Nachdenken dient. Es geht um eine Art "Ruhepause", in der man sich von den Folgen vergangener Fehler erholen kann – sowohl individuell als auch kollektiv. Dabei reflektierst du, dass du zwar

bekommen hast, was du brauchtest, aber nicht das, was richtig gewesen wäre.

- **Gesellschaftliche Dynamiken und Umwelt:** Abschließend machst du darauf aufmerksam, dass das Zusammenspiel von Anlocken und Treiben in gesellschaftlichen Prozessen nicht nur zu menschlicher Panik und Schaden führt, sondern auch die Umwelt belastet. Diese Fragilität der Systeme, die durch menschliche Erfolgs- und Misserfolgsillusionen entsteht, stellt ein erhebliches Risiko dar.

Deine Überlegungen werfen grundlegende Fragen auf:

- Wie legitim sind die Mittel, mit denen Menschen in gesellschaftliche Strukturen eingebunden werden?

- Welche Alternativen gibt es zu einem System, das auf instabilen, oft willkürlichen Anreizen basiert?

- Und inwiefern können individuelle Handlungsweisen und Lebensentwürfe als Beitrag zur Heilung oder gar als Korrektiv zu den etablierten Machtstrukturen gesehen werden?

Falls du an einer vertieften Diskussion oder einer bestimmten thematischen Ausarbeitung interessiert bist, können wir gern tiefer in einzelne Aspekte einsteigen. Was interessiert dich an diesem Punkt am meisten?

Del, Delete: **Del:** Tastenkürzel, Löschen, Entfernen
Delete: Entfernen, Löschen, Wegstreichen

Ich: Kriminalität zu verstehen, ist nicht immer für jedeN etwas. Teils muss man zum Begreifen kriminell werden, was ein hoher Preis ist. Der Blick in Nietzsches Abgrund ist da ein gültiges Bild. Der Abgrund, in den man schaut, der schaut quasi auch zurück. Manche kriminelle Handlungen verstehe ich auch nicht in jedem Aspekt, jedoch löst ein Staat, der alle Daten zur Verfügung haben kann, die Problematik der Beweisführung, denn diese Informationen liegen vor. Auch für Prävention ist ein transparenter Staat, ein transparentes Volk (Volk: Die Menschheit), gerüstet. Manche Kriminalität entsteht erst durch die entsprechenden Gesetze, sie ist im Grunde künstlich generiert. Beispiele sind viele Eigentumsdelikte. Manche Taten ließen sich durch allgemeinen Reichtum, insbesondere Roboter, im Keim ersticken.

Chat-GPT: Der Text eröffnet eine vielschichtige Diskussion über die Natur der Kriminalität und unsere Auseinandersetzung damit. Hier einige zentrale Aspekte zur Diskussion:

1. **Das Paradoxon des Verstehens**
   Der Autor behauptet, dass das Verständnis von Kriminalität oft mit dem Akt des „Kriminellwerdens" einhergeht. Das impliziert, dass man, um die Beweggründe, Strukturen und Dynamiken krimineller Handlungen zu durchdringen, selbst in diese Welt eintauchen muss – was mit erheblichen persönlichen und moralischen Risiken verbunden ist. Dieser Gedankengang

erinnert an Nietzsches berühmtes Bild vom „Blick in den Abgrund", bei dem das, worauf man sich einlässt, auch einen zurückblickt und einen verändert. Es stellt sich die Frage, ob es möglich ist, sich von der Dunkelheit nicht infizieren zu lassen, wenn man sie studiert.

2. Der allwissende Staat und die Problematik der Beweisführung

Ein weiterer zentraler Punkt ist die Idee, dass ein Staat, der über sämtliche Daten verfügt, die Herausforderungen der Beweisführung überwinden könnte. Auf den ersten Blick erscheint dies als eine pragmatische Lösung: Vollständige Transparenz und Datenverfügbarkeit könnten helfen, Straftaten schneller und präziser aufzuklären. Allerdings wirft diese Vorstellung auch fundamentale Fragen nach dem Preis der Sicherheit auf. Eine solche Allwissenheit des Staates steht in engem Konflikt mit den Prinzipien der Privatsphäre und individuellen Freiheit. Wie viel Macht darf der Staat haben, und wo zieht man die Grenze zwischen effektiver Prävention und totaler Überwachung?

3. Konstruiertheit von Kriminalität durch Gesetze

Der Text stellt zudem die These auf, dass manche Formen von Kriminalität erst durch die Gesetzgebung entstehen – etwa Eigentumsdelikte. Dies lädt zu einer kritischen Reflexion darüber ein, inwiefern unser Verständnis von „Verbrechen" sozial konstruiert ist. Wenn bestimmte Handlungen nur als kriminell gelten, weil sie gesetzlich verboten sind, stellt sich die Frage, ob nicht manchmal das Gesetz selbst ein Katalysator für Konflikte und soziale Ungleichheiten sein kann. Hier liegt ein Ansatzpunkt, um die Legitimität und Zweckmäßigkeit bestimmter gesetzlicher Regelungen zu hinterfragen.

4. Technologischer Fortschritt und soziale Transformation

Schließlich wird die Vision geäußert, dass allgemeiner Reichtum und der verstärkte Einsatz von Robotern dazu beitragen könnten, bestimmte Delikte – insbesondere Eigentumsdelikte – im Keim zu ersticken. Diese Idee suggeriert, dass technologische und ökonomische Entwicklungen das Potenzial haben, kriminelle Handlungen zu verhindern, indem sie soziale Ungleichheiten verringern und menschliche Versuchungen minimieren. Dabei schwingt jedoch auch die Frage mit, inwiefern technologische Lösungen tatsächlich die komplexen sozialen und moralischen Ursachen von Kriminalität adressieren können, oder ob sie lediglich Symptome bekämpfen.

Fazit

Der Text fordert den Leser heraus, traditionelle Vorstellungen von Kriminalität, Gesetz und Staat zu überdenken. Er zeigt auf, dass das Streben nach tieferem Verständnis oft mit dem Risiko verbunden ist, selbst in gefährliche moralische Grauzonen abzurutschen. Gleichzeitig wird die Spannung zwischen Sicherheit und Freiheit, zwischen staatlicher Kontrolle und individueller Privatsphäre deutlich. Letztlich regt der Text dazu an, kritisch über den Preis nachzudenken, den eine Gesellschaft zu zahlen bereit ist – sei es in Form von persönlicher Freiheit oder moralischer Integrität

–, wenn sie versucht, Kriminalität vollständig zu kontrollieren und zu eliminieren.

Ich: Sind Krankheiten nicht auch überwiegend an der Evolution ihrer Wirte beteiligt? Sind manche Arten von Kriminalität nicht mit manchen, gerade Infektionskrankheiten, vergleichbar? Stärkt das Vorgehen gegen Kriminelle nicht das System, macht es resilienter? Lernen wir nicht von vielen Krankheiten, wie unser Körper funktioniert? Ist hier nicht wieder ein Beispiel zu finden, wie die Natur auch Fehler und anscheinend Falsches zum Weiterkommen nutzt? Veräppelt uns die Natur nicht auch mit Gedanken, wie der Lösung vom Ego und der Kultur als Werkzeug, um die Natur zu überwinden? Letzteres mit Wissen der Kultur über die Natur? Sind das nicht einfach Happen, die von Wissenschaft und Religion aufgeschnappt werden, um über Umwege der Natur zu dienen?

Chat-GPT: Diese Überlegungen laden zu einer tiefgründigen Reflexion über das Zusammenspiel von Natur, Evolution und menschlicher Kultur ein – und zwar auf mehreren Ebenen:

1. Krankheiten als evolutionärer Motor
Krankheiten wirken als natürliche Selektionskräfte. Sie fordern die Anpassungsfähigkeit ihrer Wirte heraus, treiben genetische Variation voran und haben zur Entwicklung

komplexer Abwehrmechanismen geführt. So lässt sich argumentieren, dass Infektionen und deren Bekämpfung durch den Organismus langfristig zu einer Stärkung der Art beitragen, indem sie "schwächere" Genvarianten aussondern und den Fortbestand widerstandsfähiger Systeme sichern.

2. Kriminalität als analoges Phänomen?

Der Vergleich von bestimmten Formen der Kriminalität mit Infektionskrankheiten eröffnet ein interessantes, wenn auch metaphorisches Denkmodell. Wie sich Pathogene in Populationen ausbreiten und so als Katalysator für evolutionäre Anpassungen wirken, können auch gesellschaftliche Fehlentwicklungen – wie Kriminalität – als Impulsgeber für Reformen, verbesserte Strukturen und gesteigerte Resilienz eines sozialen Systems gesehen werden. Maßnahmen gegen kriminelle Strukturen könnten demnach – ähnlich wie immunologische Reaktionen – das Gesamtsystem stärken, indem sie schädliche Dynamiken eindämmen und Lernen, Umdenken und letztlich Innovation fördern.

3. Lernen aus "Fehlern" der Natur

Die Erforschung von Krankheiten hat uns nicht nur medizinisches Wissen beschert, sondern auch grundlegende Einsichten in die Funktionsweise unseres Körpers geliefert. Im weiteren Sinne zeigt uns die Natur, dass Fehler, Mutationen oder Fehlanpassungen nicht zwangsläufig als reine Katastrophen zu werten sind, sondern als Ausgangspunkt für evolutionäre Fortschritte dienen können. Diese Prozesse unterstreichen, dass Entwicklung oft aus dem Unvollkommenen und scheinbar Falschen erwächst – ein Prinzip, das in biologischen Systemen ebenso zu beobachten ist wie in kulturellen und gesellschaftlichen Kontexten.

4. Ego, Kultur und die Illusion der Überwindung der Natur

Die Idee, dass Ego und Kultur als Werkzeuge zur "Überwindung" der Natur dienen könnten, lässt sich als Versuch interpretieren, sich von den natürlichen Zwängen und der Unausweichlichkeit evolutionärer Prozesse abzukapseln. Vielleicht täuscht uns die Natur – indem sie uns Konzepte wie das des individualistischen Egos oder kultureller Errungenschaften anbietet –, in dem Glauben, wir könnten uns über sie erheben. Stattdessen sind auch diese menschlichen Konstrukte Teil eines größeren, adaptiven Systems, in dem wissenschaftliche Erkenntnisse und religiöse Ideen oft als "Happen" erscheinen, die letztlich dazu dienen, die Dynamiken der Natur in neuer Form zu integrieren.

5. Fazit

Die vorgestellten Gedanken führen zu einer Sichtweise, in der Krankheit, Kriminalität und sogar kulturelle Phänomene nicht als isolierte Probleme, sondern als integrale Bestandteile eines adaptiven, evolutionären Systems verstanden werden können. Sie verdeutlichen, dass Natur und Kultur in einem ständigen Dialog stehen: Was wir als Fehler oder Fehlentwicklungen wahrnehmen, kann – wenn man es aus einer evolutionären Perspektive betrachtet – auch als notwendiger Impuls zur Weiterentwicklung und Resilienz interpretiert werden. Letztlich laden uns diese Reflexionen dazu ein, nicht nur die offensichtlichen Ziele und Ergebnisse menschlichen Handelns zu hinterfragen, sondern auch die tieferen, oft paradoxen Mechanismen, durch die sich die Natur ständig selbst erneuert.

Ich: Es geht nicht nur so weit, dass Kriminalität auch Sinn machen kann. Es hört nicht da auf, dass Kriminalität "konstruiert" ist. Es stoppt nicht damit, dass Kriminalität beendet werden kann, zumindest weitestgehend. Was, denkt ihr, führt zu Wiederholungstaten, zu Taten, die sich ähneln und zu einer Art "Aufrüstung" in der Konkurrenz der Kriminellen mit der Polizei? Leute, die mal kriminell waren, können sehen, dass Kriminalität für sie vielleicht lohnt. Die Kriminellen nehmen ihre Rolle an und sehen sich selbst zunehmend als kriminell. Werden sie erwischt, "bilden" sie sich teils fort. Die Gefängnisse funktionieren teils als Denkfabriken und Schulen für die Realisierung von Verbrechen und für "Networking". Zudem markiert die Gesellschaft teils, welche Verbrechen sie "erwartet". Kriminelle erfüllen diese Befürchtungen und Erwartungen. Zudem werden manche legale Ungerechtigkeiten nicht bestraft oder gerade Wohlhabende Leute nicht so bestraft, wenn sie illegales tun, wie ärmere bestraft werden. So ist empfundenes Unrecht, in der Gesellschaft, teils Motiv und Motivation oder "Entschuldigung" für Verbrechen. Höchstens Sexualität als primäre Motivation fällt eher etwas aus den von mir hier präsentierten Rahmen. TriebtäterInnen sind schlecht prognostizierbar und therapierbar.

Chat-GPT: Die Ausführungen regen zu einer differenzierten Betrachtung der komplexen Dynamiken von Kriminalität an – als soziales Phänomen, als Rolle und als Produkt von institutionellen sowie gesellschaftlichen Rahmenbedingungen. Dabei lassen sich einige zentrale Aspekte herausarbeiten:

1. Kriminalität als Sinnstiftung und soziale Konstruktion

Die Argumentation impliziert, dass Kriminalität für manche Individuen nicht nur als Regelbruch, sondern als sinnstiftende Tätigkeit erscheinen kann. Dabei wird deutlich, dass kriminelles Handeln – ähnlich wie legitime Berufungen – als Möglichkeit wahrgenommen wird, soziale Anerkennung oder materiellen Gewinn zu erzielen. Diese Sichtweise unterstreicht, dass Kriminalität nicht isoliert von sozialen und kulturellen Kontexten betrachtet werden darf. Vielmehr sind es gesellschaftliche Normen, Werte und Machtstrukturen, die definieren, was als „kriminell" gilt. Die Konstruktion von Kriminalität zeigt sich also darin, wie bestimmte Handlungen gesellschaftlich sanktioniert werden und wie diese Sanktionen wiederum das Selbstbild und die Identität der Betroffenen formen.

2. Die Rolle des Strafvollzugs und die Reproduktion krimineller Identitäten

Ein zentrales Element ist die Beobachtung, dass Gefängnisse nicht immer Orte der Resozialisierung sind, sondern oft als „Denkfabriken" für kriminelle Netzwerke und Strategien fungieren. Wer einmal im kriminellen Milieu verankert wurde, findet in Haftanstalten nicht selten ein Umfeld, das den Austausch von Wissen, Techniken und Kontakten begünstigt. Dies kann zu einer weiteren Professionalisierung und sogar zu einer „Aufrüstung" führen – eine Art Wettstreit zwischen den kriminellen Akteuren und den Institutionen der Strafverfolgung. Die Haftzeit wird somit nicht immer zur Unterbrechung kriminellen Handelns, sondern gelegentlich zum Katalysator für eine intensivere und methodisch verfeinerte Ausübung von Straftaten.

3. Gesellschaftliche Erwartungen und das Labeling

Ein weiterer Gedanke betrifft die wechselseitige Beziehung zwischen gesellschaftlicher Erwartung und kriminellem Verhalten. Wenn bestimmte Delikte gesellschaftlich antizipiert und als fast unvermeidlich angesehen werden, entsteht ein Raum, in dem kriminelle Handlungen zur Selbstbestätigung werden. Das Labeling – also das Zuschreiben einer „kriminellen Identität" – kann dazu führen, dass Betroffene diese Rolle internalisieren. Wird jemand als Krimineller abgestempelt, wird diese Identität oft nicht nur als soziale Markierung empfunden, sondern auch als schicksalhafte Berufung, die den weiteren Lebensweg beeinflusst.

4. Ungleichheit im Rechtssystem und das Gefühl von Unrecht

Die Differenzierung in der Bestrafung – etwa wenn Wohlhabende milder behandelt werden als finanziell schwächere Personen – führt zu einem tief empfundenen Gerechtigkeitsdefizit. Dieses Ungleichgewicht kann als moralische Rechtfertigung für weiteres kriminelles Verhalten dienen, da die Betroffenen das System als ungerecht und parteiisch erleben. So wird das Erleben von legalen Ungerechtigkeiten selbst zu einem Motivator, der den Übergang in kriminelle Aktivitäten erleichtert. Es entsteht ein Teufelskreis: Wahrgenommene Ungerechtigkeit nährt den Unwillen, sich an die Regeln der Gesellschaft zu halten, was wiederum zu weiteren Gesetzesverstößen führt.

5. Die Sonderstellung sexualisierter Delikte

Während bei vielen kriminellen Handlungen ökonomische oder soziale Faktoren dominieren, wird angemerkt, dass Sexualität als primäre Motivation aus diesem Konstrukt herauszufallen scheint. Sexualdelikte – insbesondere wenn sie von sogenannten TriebtäterInnen begangen werden – sind häufig schwer prognostizierbar und therapierbar. Dies unterstreicht, dass es neben den strukturellen und sozialen Dynamiken auch individuelle, oft tief verwurzelte psychosexuelle Motivationen gibt, die in einem anderen Erklärungsrahmen angesiedelt werden müssen.

6. Zusammenfassung und Implikationen

Die Betrachtungen legen nahe, dass Kriminalität als ein multifaktorielles Phänomen zu verstehen ist, bei dem individuelle Entscheidungen, soziale Strukturen und institutionelle Rahmenbedingungen ineinandergreifen.

- **Rolle und Identität:** Die Übernahme einer kriminellen Rolle ist oft ein sozialer Prozess, der durch Etikettierung und Selbsterfüllung verstärkt wird.

- **Institutionelle Dynamiken:** Haftanstalten und das Verhalten des Justizsystems können unbeabsichtigt zur Reproduktion krimineller Netzwerke beitragen.

- **Gesellschaftliche Wahrnehmung:** Erwartungen und das Gefühl von Ungerechtigkeit in der Gesellschaft spielen eine wichtige Rolle bei der Motivation zu weiteren Straftaten.

Für die Prävention und Reduktion von Wiederholungstaten ergeben sich daraus Ansatzpunkte, die über reine Strafverfolgung hinausgehen. Eine Reform des Strafvollzugssystems, die Resozialisierung in den Vordergrund stellt, die Etikettierung von Individuen kritisch hinterfragt und gesellschaftliche Ungleichheiten adressiert, könnte dazu beitragen, den Teufelskreis der kriminellen Selbstbestätigung zu durchbrechen. Gleichzeitig bleibt die Herausforderung bestehen, individuell komplexe Motivationen – etwa bei sexualisierten Delikten – adäquat zu erfassen und zu therapieren.

Diese Überlegungen laden zu einer interdisziplinären Diskussion ein, in der Kriminologie, Soziologie, Psychologie und Recht zusammenwirken müssen, um den Phänomenen von Wiederholungstaten und eskalierendem kriminellen Verhalten nachhaltig zu begegnen.

Die Argumentation öffnet einen weiten Diskurs über die Mechanismen, die dazu beitragen, dass sich kriminelle Handlungen wiederholen und sogar intensivieren – ein Teufelskreis, der weit über die individuelle Tat hinausgeht.

1. Gesellschaftliche Konstruktion von Kriminalität

Kriminalität wird hier nicht als rein objektive Tatsache dargestellt, sondern als soziales Konstrukt. Gesellschaftliche Normen, Erwartungen und Ängste definieren, was als „kriminell" gilt. Dadurch entstehen Rollen, in die Individuen hineingezwungen werden können. Wird jemand einmal als Krimineller stigmatisiert, neigen manche dazu, diese Rolle zu internalisieren – ein Phänomen, das stark an die Labeling-Theorie erinnert. Diese Konstruktion trägt dazu bei, dass sich die Betroffenen in ihrer kriminellen Identität bestärkt fühlen.

2. Repetition und „Aufrüstung" der Taten

Die Wiederholung von Straftaten, die teils sehr ähnlich sind, lässt sich auch aus dem sozialen Lernprozess erklären. Wer einmal Erfolg (oder zumindest einen Nutzen) aus kriminellen Handlungen gezogen hat, sieht darin eine Möglichkeit, den eigenen Lebensweg weiter zu gestalten. Darüber hinaus entsteht eine Art Wettbewerb: Sowohl Kriminelle als auch Polizei passen ihre Strategien kontinuierlich an, was zu einer Art „Aufrüstung" führt. Hier begegnen sich technologische Innovationen, verbesserte Taktiken und eine immer komplexer werdende Dynamik, in der beide Seiten ständig auf neuen Ebenen agieren.

3. Rolle von Institutionen und „Bildung" im Strafvollzug

Ein weiterer zentraler Punkt ist die institutionelle Komponente: Gefängnisse, statt nur zu bestrafen, bieten – unbeabsichtigt oder sogar systemimmanent – Räume zur „Weiterbildung" in kriminellen Praktiken. Inhaftierte nutzen die

Zeit nicht selten, um sich zu vernetzen, Strategien auszutauschen und Techniken zu erlernen. Dieses Netzwerkdenken fördert nicht selten eine weitere Professionalisierung der kriminellen Tätigkeit, sodass nach der Haftzeit eine Rückkehr in die kriminelle Szene wahrscheinlicher wird.

4. Gesellschaftliche Erwartungen und Wahrnehmungen von Ungerechtigkeit

Die Gesellschaft spielt eine ambivalente Rolle: Sie setzt nicht nur Normen, sondern schürt auch Erwartungen, welche Verbrechen eintreten könnten. Diese Vorwegnahme beeinflusst das Handeln derjenigen, die bereits in kriminellen Milieus verankert sind. Gleichzeitig führt die unterschiedliche Bestrafung – etwa die Tendenz, Wohlhabende milder zu bestrafen als ärmere Menschen – zu einem Gefühl der Ungerechtigkeit. Dieses Empfinden kann als Rechtfertigung für illegale Handlungen dienen, da der Eindruck entsteht, dass das System von vornherein voreingenommen ist.

5. Differenzierung der Motivationen

Während ökonomische Anreize, Machtspiele und soziale Dynamiken häufig als Hauptmotivatoren für kriminelles Verhalten angeführt werden, wird Sexualität als primärer Antrieb hier bewusst ausgeklammert. Dennoch wird anerkannt, dass bei SexualstraftäterInnen andere, oft unvorhersehbare Dynamiken am Werk sind – sie bleiben als Ausnahmefälle schwer prognostizierbar und therapierbar.

Schlussbetrachtung

Insgesamt verdeutlicht die Argumentation, dass Kriminalität weit mehr ist als die Summe einzelner Taten. Es handelt sich um ein komplexes Zusammenspiel von gesellschaftlichen Konstruktionen, individuellen Identitätsprozessen, institutionellen Rahmenbedingungen und sozialen Ungerechtigkeiten. Das Ergebnis ist ein sich selbst verstärkender Kreislauf, in dem sich Wiederholungstaten und ein eskalierender Wettbewerb zwischen kriminellen Akteuren und Strafverfolgungsbehörden manifestieren. Diese Perspektive fordert dazu auf, über reine Bestrafung hinaus auch die sozialen und strukturellen Ursachen von Kriminalität zu reflektieren und anzugehen.

Ich: Privatbesitz ist eine "evolutionär neue" Konstruktion. Ohne Menschen gab es ihn nicht, seit es Menschen gibt, gab es ihn anfangs nicht. Dementsprechend hat mal niemand etwas besessen, oder es gehörte lange Zeit alles allen. Als der Mensch sesshaft wurde, hypte dies das Private. Wie auch die Privatsphäre. Lagern von Vorräten, feste Behausungen, steigerten auch das Heimliche und das Geheimnisse-haben. "Privare" heißt "zu rauben", und Privatbesitz raubt in der Tat Allgemeinbesitz und legt ihn in die Hände weniger. Diese erhalten Vorteile, die teils zu Recht als Ungerecht empfunden werden können. Die Vorteile dieser Entwicklung mündet in Vorratshaltung und weniger Hunger. Zudem kann man so mehr Kinder in die Welt setzen, was auch Nachteile haben kann. Dazu schafft man die Zustände "Arm und Reich" in immer extremerer Weise. Dazu kommen die Regeln, die den Raub und das Geraubte schützen. Gesetze reglementieren, wer legal raubt und ächten Handlungen, das Geraubte zurück zu stehlen. Die Polizei und das Militär sorgen für die Einhaltung der Regeln, die Polizei tut dies IM Staat, das Militär in den Staaten-Gemeinschaften. Auch die Zerstörung der angeeigneten Natur, zum Zwecke der Bereicherung, zerstört allgemeinen Wohlstand zum vorübergehenden Wohl weniger.

Esc/ Escape (Chat-GPT: **Esc:** Abbruch, Rückzug, Stopp **Escape:** Flucht, Entkommen, Befreiung)

Chat-GPT: Die Überlegungen eröffnen einen tiefen Einblick in die Entstehung und Wirkung von Privatbesitz – ein Phänomen, das keineswegs "natürlich" gegeben, sondern ein soziales Konstrukt ist, das in der Menschheitsgeschichte relativ spät auftritt.

Von der Gemeinschaft zum Individuum

Ursprünglich lebten Menschen in Gemeinschaften, in denen Ressourcen gemeinschaftlich genutzt wurden – es gab weder exklusiven Besitz noch fest definierte private Räume. Mit dem Übergang zur Sesshaftigkeit und der Entwicklung der Landwirtschaft veränderte sich diese Dynamik grundlegend. Vorräte anzulegen und dauerhafte Behausungen zu errichten, schuf den Raum für das, was wir heute als Privatbesitz und Privatsphäre bezeichnen. Diese Entwicklung war weniger ein evolutionärer „Zustand" als vielmehr eine kulturelle und ökonomische Notwendigkeit, um den neuen Lebensbedingungen zu begegnen.

Privatbesitz als "Raub" des Allgemeinbesitzes

Die Wortwurzel „privare" – im Sinne von „rauben" – verweist auf eine grundlegende Spannung: Die Aneignung ehemals gemeinschaftlich genutzter Ressourcen führt zu einer Umverteilung, bei der das Allgemeine in die Hände einiger weniger übergeht. Dieser Prozess schafft Macht- und Vermögenskonzentrationen, die oft als ungerecht empfunden werden, weil sie die potenziellen Vorteile einer gemeinschaftlichen Nutzung in exklusive Privilegien umwandeln. Der Gewinn an Sicherheit, Vorratshaltung und wirtschaftlicher Stabilität, der daraus resultiert, steht im direkten Widerspruch zur Entstehung und Verfestigung sozialer Ungleichheiten.

Institutionalisierung und gesellschaftliche Regeln

Mit der Etablierung des Privatbesitzes entstand auch ein Regelwerk, das diesen Besitz schützen soll. Gesetze definieren, wer was besitzen darf und unter welchen Bedingungen dieses Eigentum verteidigt werden kann – sei es durch die Polizei im innerstaatlichen Kontext oder das Militär in überstaatlichen Strukturen. Dieses System legitimiert den "legalen Raub" und schafft damit einen Zustand, in dem Ungleichheit institutionell verankert ist. Es entstehen Mechanismen, die das Zurückerobern von bereits Angeeignetem unter Strafe stellen und damit den Status quo bewahren.

Ambivalente Folgen der Privatisierung

Auf der positiven Seite führte die Möglichkeit, Ressourcen anzusammeln, zu einer stabileren Existenzsicherung, weniger Hunger und besseren Bedingungen für den Nachwuchs. Jedoch geht dies mit erheblichen Nachteilen einher: Die Privatisierung führt zu einer Polarisierung von Arm und Reich und bewirkt, dass der allgemeine Wohlstand in den Hintergrund tritt, wenn er für den kurzfristigen Vorteil einiger weniger geopfert wird. Insbesondere die Zerstörung der Natur zur Bereicherung einzelner Akteure ist ein tragisches Beispiel dafür, wie das Streben nach individuellem Besitz und Macht das kollektive Wohl nachhaltig unterminiert.

Schlussbetrachtung

Privatbesitz als "evolutionär neue" Konstruktion ist somit ein doppelschneidiges Schwert. Er hat einerseits den Grundstein für Fortschritt, Sicherheit und wirtschaftliche Entwicklung gelegt, andererseits aber auch soziale Spaltungen und eine Systematik der Ungerechtigkeit begründet. Die institutionelle Absicherung dieser Besitzverhältnisse perpetuiert eine Logik, in der das Allgemeinwohl zugunsten der Interessen weniger geopfert wird. Die Herausforderung unserer Zeit besteht darin, diese Widersprüche kritisch zu hinterfragen und Wege zu finden, den kollektiven Wohlstand wieder stärker in den Mittelpunkt gesellschaftlicher Strukturen zu rücken.

Ich: Bestrafung muss auch bestraft werden, eigentlich, gerade wenn die Grundlage Ungerechtigkeit ist. Die Staaten und

Religionen, denen manche Menschen zugeordnet werden, sind fast gänzlich, Fantasien und arbiträr festgelegt. Auch, dass man durch Arbeit Rechte erhält, ist zu hinterfragen. Gerade, wenn man mit der Arbeit sich und/oder anderen Schaden zufügt, wie durch Umweltzerstörung oder Schaffung von Armut und das Wegnehmen von Rechten. Der Splitter, den manche in anderer Leute Augen sehen, verblasst gegenüber den Balken, die sie selbst im Auge tragen. Mehr als 700.000.000 Menschen hungern und mehr als 20.000 verhungern, im Schnitt, täglich. Noch mehr Leute leiden und sterben an Übergewicht und dessen Folgen. Wir quälen und töten Tiere, Pilze und Pflanzen im Übermaß. Polizei und Militär tragen zu Ungerechtigkeit bei, was teils "Recht" sein soll. Ist es nicht merkwürdig, dass im Namen der Gesetze mehr Verbrechen begangen wurden, als im Namen des Unrechts oder anderer verwandter Bereiche? Wieso hört man solche Kritik derart selten?

Chat-GPT: Deine Kritik greift viele fundamentale Widersprüche und Ungerechtigkeiten unseres gesellschaftlichen Systems auf. Dass solche radikalen Perspektiven kaum Gehör finden, lässt sich aus mehreren Gründen erklären:

1. Machtstrukturen und Interessen:
Institutionen wie der Staat, etablierte Religionen und die herrschenden wirtschaftlichen Systeme stützen sich auf lange Traditionen und Machtstrukturen. Diese Akteure haben ein großes Interesse daran, bestehende Narrative aufrechtzuerhalten, da diese ihnen Legitimität und Kontrolle sichern. Kritische Stimmen, die diese Grundlagen in Frage

stellen, werden oft als Bedrohung empfunden und marginalisiert.

2. Ideologische Verankerung:

Viele gesellschaftliche Vorstellungen – etwa die Verknüpfung von Arbeit und Rechten oder die Idee, dass staatliche und religiöse Institutionen unverzichtbar sind – sind tief in der Kultur und im Bildungssystem verankert. Menschen wachsen in einem Umfeld auf, das diese Konzepte als selbstverständlich präsentiert. Eine fundamentale Infragestellung dessen erzeugt kognitive Dissonanzen, die schwer zu überwinden sind.

3. Mediale Repräsentation und Diskurs:

Die dominanten Medien und Diskursräume werden oft von denen kontrolliert oder beeinflusst, die von den bestehenden Strukturen profitieren. Alternative, radikale Kritik wird seltener aufgegriffen oder findet nur in Randbereichen des öffentlichen Diskurses Beachtung, was dazu führt, dass sie in der breiten Öffentlichkeit untergeht.

4. Komplexität und Alltäglichkeit von Ungerechtigkeiten:

Die angesprochenen Probleme – etwa Umweltzerstörung, systemische Armut oder die widersprüchlichen Folgen von Ernährung und Lebensstil – sind so komplex und allgegenwärtig, dass sie oft als "normal" hingenommen werden. Eine umfassende Kritik erfordert, dass wir uns mit systemischen Ursachen auseinandersetzen, was für viele zu abstrakt oder überwältigend erscheint.

Zusammengefasst liegt es also daran, dass tief verwurzelte Machtstrukturen und kulturelle Narrative alternative Sichtweisen nicht nur kaum Platz im Mainstream finden, sondern aktiv verdrängt oder diskreditiert werden. Diese Mechanismen tragen dazu bei, dass kritische Stimmen – so berechtigt sie in vielen Punkten auch sein mögen – im öffentlichen Diskurs eher selten Gehör finden.

Ich: Durch Arbeit werden Leute selten reich. Aber auch einige Reiche arbeiten, bloß oft weniger als z.B. ihre Angestellten. Selbst, wenn die BesitzerInnen einer Firma sehr fleißig sind, arbeiten sie nicht mehr als drei, fünfzig oder einhunderttausend ihrer Angestellten zusammen. Selbst wenn sie mehr verdienen. Und kaum jemand wird reich, weil er sich den Mächtigen anbiedert. Arbeitet für euch selbst, wenn ihr könnt. Bildet euch und bleibt gesund, denn oft ist die Gesundheit euer größtes Kapital. Geld zu riskieren ist gar nicht DIE große Tat.

Chat-GPT: Die Kernaussage liegt in der Infragestellung des verbreiteten Glaubens, dass harte Arbeit zwangsläufig zu Reichtum führt. Es wird argumentiert, dass der wahre wirtschaftliche Erfolg nicht allein durch die investierte Arbeitszeit bestimmt wird, sondern vielmehr durch strukturelle Faktoren im Wirtschaftssystem. Hier einige Überlegungen dazu:

Unterschied zwischen Arbeit und Reichtum:
Während viele Menschen glauben, dass fleißiges Arbeiten direkt zu finanziellem Aufstieg führt, zeigt die Realität,

dass Vermögensakkumulation oft von Faktoren wie Kapital, Besitzanteilen und Netzwerken abhängt. Selbst wenn Geschäftsführer und Firmeninhaber sehr engagiert sind, arbeiten sie im Vergleich zu ihren Angestellten oft wesentlich weniger – ihre Einnahmen resultieren primär aus der Organisation und Nutzung von Ressourcen, nicht aus der quantitativen Arbeitsleistung.

Selbstbestimmung und Bildung:
Die Empfehlung „arbeitet für euch selbst" unterstreicht, dass man sich nicht blind den etablierten Machtstrukturen beugen sollte. Stattdessen sollte man in die eigene Bildung und Gesundheit investieren, da diese Ressourcen langfristig weitaus wertvoller sind als kurzfristiger finanzieller Gewinn. Bildung befähigt dazu, eigenständige Entscheidungen zu treffen und alternative Wege jenseits der konventionellen Erwerbsarbeit zu finden.

Kritik an Machtstrukturen:
Die Aussage, dass man selten reich wird, weil man sich den Mächtigen anbiedert, kritisiert das System, in dem Macht und Kapital eng miteinander verknüpft sind. Erfolgreiche Menschen nutzen oftmals Gelegenheiten, die nicht jedem offenstehen, und profitieren von bestehenden Strukturen, die kaum durch bloße Arbeitsleistung zu überwinden sind. Es wird hier indirekt zu einem Umdenken angeregt, weg von der Idealisierung der konventionellen Arbeit hin zu einem Modell, in dem individuelle Selbstverwirklichung und Unabhängigkeit im Vordergrund stehen.

Risikobereitschaft und finanzielle Entscheidungen:
Abschließend wird der Mythos entkräftet, dass das Eingehen finanzieller Risiken als die höchste Form von Unternehmertum zu werten sei. Stattdessen wird betont, dass risikoaffine Geldgeschäfte nicht zwangsläufig die Lösung sind. Es geht darum, fundierte, selbstbestimmte Entscheidungen zu treffen, bei denen die eigene Gesundheit und das langfristige Wohl im Zentrum stehen.

Zusammengefasst fordert dieser Text dazu auf, die herkömmlichen Vorstellungen von Arbeit und Erfolg kritisch zu hinterfragen und den Fokus auf persönliche Entwicklung, Bildung und Gesundheit zu legen – denn diese Elemente bilden oft das echte Fundament eines nachhaltigen Lebens.

Die "F"-Tasten

Ich: Insgesamt steht die Frage im Raum, ob Leute, die man nicht gewählt hat, über einen Menschen bestimmen dürfen, weil eine große Gruppe sie dazu ermächtigt haben soll, angeblich. Das mit Staats-Gewalt durchzusetzen, ist schwierig. Vor allem, wenn die Politik destruktiv ist und mit vielen logischen Fehlern behaftet. Durch die Radbruchsche Formel wird klar: Die JuristInnen und PolitikerInnen wissen, dass Gesetzes-Recht nicht gerecht sein muss, gar häufig nicht gerecht ist. Dennoch soll erst bei unerträglichem

Leid ddie Gerechtigkeit an Stelle der Gesetze treten. Welches Leid ist unerträglich? -Im Grunde ist das ein Leid, das den Tod zur Folge hat. Der Mensch hat die Evolution IMHO teils verstanden und nutzt sein Verstehen zu einer Beschleunigung der evolutionären Prozesse. Selbst Kriege, Verbrechen anderer Art und Umweltzerstörung sind mit einkalkuliert. Die Stärkung der Menschheit, durch ihren so erhaltenen Vorteil, schadet der Umwelt. Die Nischen, die noch jetzt vielfältig besetzt werden, füllen in Zukunft Mensch und Technik aus. Verbrecher aller Seiten, legale und illegale, testen das neue Biotop, auch indem sie gegen andere vorgehen. In alledem steckt Sinn und viel, viel Leid.

Chat-GPT: Die Überlegungen eröffnen einen weiten, komplexen Diskurs über Macht, Gerechtigkeit und den Preis des Fortschritts. Ein zentraler Punkt ist die Frage, inwiefern nicht direkt gewählte Menschen—also VertreterInnen einer Mehrheit—das Recht haben, über das Schicksal einzelner zu entscheiden. Dies wirft grundlegende Fragen zur Legitimität demokratischer Systeme auf: Ist die Macht, die sich aus einer vermeintlich großen Zustimmung ableiten lässt, immer gerechtfertigt? Und was geschieht, wenn diese Macht in destruktiven, logisch fehlerhaften politischen Strukturen mündet?

Radbruchsche Formel und die Grenze des Gesetzes
Die Bezugnahme auf Radbruchs Formel unterstreicht die Erkenntnis, dass Gesetzes-Recht nicht automatisch mit Gerechtigkeit gleichzusetzen ist. Nach dieser Formel darf ein

Gesetz nicht befolgt werden, wenn es in einem Maße ungerecht ist, dass es zu unerträglichem Leid führt. Doch die Definition von „unerträglichem Leid" bleibt problematisch. Wenn man davon ausgeht, dass nur das Leid, das zum Tod führt, als unerträglich einzustufen ist, wird der Moment des Umsturzes der Gesetze durch Gerechtigkeit zu spät kommen – wenn bereits das Schlimmste eingetreten ist. Dies fordert dazu auf, die Schwelle, ab der eine rechtliche Ordnung überstürzt werden darf, kritisch zu hinterfragen.

Evolutionäre Prozesse und das Verhältnis von Fortschritt und Zerstörung

Der Text weist darauf hin, dass der Mensch, indem er evolutionäre Prozesse versteht und beschleunigt, selbst zu einem Akteur in einem unaufhaltsamen System wird. Kriege, Verbrechen und Umweltzerstörung sind nicht nur Nebenprodukte menschlichen Handelns, sondern integrale Bestandteile eines beschleunigten evolutionären Prozesses. Dabei wird der vermeintliche Vorteil der Menschheit – ihre Fähigkeit, zu verstehen und zu handeln – gleichzeitig zur Quelle von Schäden an der Umwelt. Die traditionellen, vielfältig besetzten ökologischen Nischen weichen einem zukünftigen Zusammenspiel von Mensch und Technik, in dem auch illegale und legale Akteure das neue „Biotop" austesten. Diese Dynamik lässt erkennen, dass Fortschritt stets mit einem hohen Maß an Leid verbunden ist.

Synthese und die Schwierigkeit, Gerechtigkeit herzustellen

Insgesamt offenbart sich ein Paradoxon: Einerseits sollen staatliche Gewalt und rechtliche Ordnungen das Leben schützen, andererseits wird durch ihre destruktive Ausrichtung und logische Widersprüche das individuelle Leid oft erst anerkannt, wenn es bereits das Äußerste erreicht hat – den Tod. Die Herausforderung besteht darin, ein System zu etablieren, das nicht nur auf Mehrheitsentscheidungen basiert, sondern auch die fundamentale Würde und das individuelle Leid berücksichtigt, bevor es in eine Phase der Katastrophe eintritt.

Die Überlegungen fordern dazu auf, darüber nachzudenken, ob und wie demokratische Systeme und Rechtsordnungen transformiert werden können, um präventiv Gerechtigkeit walten zu lassen, anstatt erst im Angesicht von untragbarem Leid zu reagieren. Dabei stehen nicht nur juristische und politische Fragen im Raum, sondern auch ethische und evolutionäre, die uns zwingen, den Preis des Fortschritts und den Wert des Lebens neu zu bewerten.

Ich: Meine Aufgabe sehe ich darin, die AkteurInnen und Sets, sowie Settings zu benennen, die ich identifizieren kann. Denn ohne Information, wird das sehr schwierig und Information wird derzeit nicht transparent genug vermittelt. Eher will die Elite indoktrinieren und, "besser" noch, die Leute zur selbst-Indoktrination bringen. Mit immer wieder wiederholten Fehlinformationen und Desinformation. Sichtbar gemacht wird nur der Weg, den alle gehen sollen. Wegen dieser Funktion ist Sichtbarkeit ein Machtinstrument. Mein Appell: Schaut in euch, ob ihr das Gute wollt. Wenn ja, dann informiert euch. Habt ihr einen euch passenden Weg gefunden, versucht ihn zu etablieren. JedeR sollte das

Recht dazu haben, sich so zu verwirklichen. Simulation und Feldversuche können notwendig sein. Aber nur so retten wir Teile der natürlichen Vielfalt der Arten UND nur so wird es auch eine große Vielfalt an menschlichen und technologischen Ökosystemen geben. Wir alle können koexistieren.

Chat-GPT: Die Ausführungen regen zu einer tiefgehenden Reflexion über Machtstrukturen, Information und Selbstbestimmung an. Dabei lassen sich mehrere Ebenen unterscheiden:

Transparenz und Informationsgewinnung

Ohne klare und transparente Informationen bleibt es nahezu unmöglich, die verschiedenen Akteure, Rahmenbedingungen und Kontexte – also die „AkteurInnen, Sets und Settings" – präzise zu benennen. In einer Zeit, in der Informationen oft fragmentiert oder absichtlich verzerrt vermittelt werden, entsteht ein gefährlicher Raum, in dem Fehlinformation und Desinformation dominieren können. Dies erschwert es dem Einzelnen, sich ein authentisches Bild der Realität zu machen und fundierte Entscheidungen zu treffen.

Macht durch Sichtbarkeit und Indoktrination

Die Beobachtung, dass die Elite nicht nur aktiv indoktriniert, sondern die Menschen auch zur Selbstindoktrination verleitet, weist auf einen subtilen, aber wirkungsvollen Machtmechanismus hin: Die gezielte Steuerung dessen, was sichtbar ist. Sichtbarkeit wird hier als Machtinstrument verstanden – indem stets nur der Weg gezeigt wird, den die herrschenden Strukturen vorgeben. Dies limitiert die Wahrnehmung und verhindert alternative Sichtweisen, wodurch ein hegemoniales Narrativ verfestigt wird.

Appell zur Selbstreflexion und Selbstermächtigung

Der Appell, in sich zu schauen und das „Gute" zu wählen, zielt darauf ab, dass jede:r Einzelne die Verantwortung trägt, sich umfassend zu informieren und einen persönlichen, authentischen Weg zu finden. Selbstbestimmung und die Freiheit, den eigenen Lebensentwurf zu etablieren, sind dabei zentrale Elemente. Nur durch kritische Auseinandersetzung und das Hinterfragen vorgegebener Strukturen wird es möglich, sich von vorgegebenen Narrativen zu lösen.

Experiment und Vielfalt als Zukunftsstrategie

Die Idee, dass Simulationen und Feldversuche notwendig sein können, unterstreicht den experimentellen Charakter eines fortwährenden Lern- und Anpassungsprozesses. Dieser Ansatz zielt darauf ab, nicht nur Teile der natürlichen Artenvielfalt zu bewahren, sondern auch eine breite Palette an menschlichen und technologischen Ökosystemen zu ermöglichen. Vielfalt wird hier als Grundlage für Resilienz und nachhaltige Koexistenz verstanden – sowohl in ökologischer als auch in gesellschaftlicher Hinsicht.

Schlussbetrachtung

Insgesamt liegt der Kern der Überlegungen darin, dass

Transparenz, kritische Selbstreflexion und das aktive Suchen nach verlässlichen Informationen entscheidende Voraussetzungen für eine freie, vielfältige und gerechte Gesellschaft sind. Nur durch das ständige Hinterfragen von Machtstrukturen und das Streben nach alternativen, selbstgewählten Wegen können wir verhindern, dass uns vorgefertigte Pfade aufgezwungen werden. Letztlich eröffnet dies die Möglichkeit einer Koexistenz, in der jede:r die Freiheit hat, sich selbst zu verwirklichen und zur Erhaltung einer lebendigen, vielfältigen Zukunft beizutragen.